Weise Lebensführung gelingt keinem Menschen durch Zufall. Man muss, solange man lebt, lernen, wie man leben soll.
—Seneca

Leben in Balance

Jahrelang habe ich mit Hilfe von To-Do Listen, Zeitplänen und sonstigen Planungshilfen versucht, mein Leben in den Griff zu bekommen. Dabei hatte ich stets das Empfinden, eingeengt zu sein.
Auf der Suche nach einem befreienden und dennoch strukturierenden Rhythmus bin ich auf die Schöpfungsgeschichte gestoßen. Sie erzählt von sieben Tagen voller Leben, die von Gott kreativ und dennoch strukturiert gestaltet werden. Der Rhythmus der Schöpfung strahlt Kraft, Ruhe und Lebensfreude aus. Jeder Tag hat sein eigenes Muster und seine eigene Prägung. Insgesamt kann man in ihr sieben Elemente erkennen, die die Basis für ausgewogenes und dynamisches Leben bilden:

- Explosive Kreativität
- Beruhigende Ordnung
- Nachhaltige Produktivität
- Regelmäßige Höhepunkte
- Sprudelndes Leben
- Belebende Beziehungen
- Kraftspendende Ruhe

Mich begeisterte der gesunde und dynamische Rhythmus der Schöpfungsgeschichte, weil er befreiend und dennoch strukturiert ist. Ich habe mein Leben inzwischen seit mehreren Jahre so gestaltet, dass alle sieben Lebenselemente regelmäßig zum Zug kommen. Als ich begann, nach dem Swing-Konzept zu leben, nahm ich mir jeden Tag der Woche Zeit, ein bestimmtes Element besonders intensiv auszuleben. Das war sehr hilfreich, um die sieben Lebenselemente fest in meinem Leben zu verankern.
Mittlerweile spiele ich mehr mit den einzelnen Elementen. Es kann sein, dass es eine längere kreative Phase gibt, in der ich viel schreibe, male oder Neues ausprobiere. Und, dass es andere Zeiten gibt, wo Produktivität und Ordnung mehr im Vordergrund stehen. Es ist ein bisschen wie beim Tanzen – wenn man erst einmal die Grundschritte beherrscht, kann man kreativ und spielerisch viele weitere Variationen gestalten.

Einleitung

In meinen Buch *Swing – Dein Leben in Balance* beschreibe ich meine Erfahrungen mit dem Leben im Schöpfungsrhythmus und gebe einige Impulse zur Umsetzung im eigenen Leben. Das Buch hat viele Leser begeistert und inspiriert, ihr Leben ausgewogener zu gestalten. Sie haben gelernt, darauf zu achten, dass Dinge, die ihnen wohl tun, nicht länger chronisch zu kurz kommen.

Eine Reihe Leser wünschten sich jedoch noch mehr Tipps und Anleitung dafür, die Impulse aus *Swing* ganz praktisch in ihrem Leben umzusetzen.

Auf diesen Wunsch hin habe ich dieses *Swing-Quadro* entwickelt. Viele Menschen, die ich in meiner Beratungspraxis coache oder die an meinen Seminaren teilnehmen, kämpfen mit ähnlichen Fragestellungen: Wie kann ich Zeit für die Dinge einräumen, die mir gut tun? Wie schaffe ich es, mit den vielen Anforderungen fertig zu werden, die ich zu bewältigen habe? Wie finde ich Raum für mich?

Jeder Quadro-Tag bietet neben Inspiration konkrete Fragen über das eigene Leben und praktische Tipps zur Umsetzung.

Alle Tipps und Ratschläge in diesem Quadro sind in der Praxis erprobt und bewährt. Die besten Tipps nützen jedoch keinem etwas, wenn sie nicht umgesetzt werden. Deshalb empfehle ich dir, wenn du möchtest, dass sich dein Leben verändert, die Tipps auch gleich anzuwenden – möglichst noch am selben Tag.

Viel Freude beim Lesen, Ausprobieren und Entdecken wünscht dir,

—Kerstin Hack

P.S.: *Swing* gibt es auch als ausführliches Taschenbuch und als Impulsheft *Swing-Mini* zum verschenken.

Tipps zur Anwendung

- Dieses Quadro ist in 28 Kapitel aufgeteilt. Du kannst vier Wochen lang täglich einen Abschnitt lesen und umsetzen. Wenn dich ein Kapitel besonders anspricht, lies es ruhig mehrfach.
- Die Kapitel können fortlaufend oder einzeln gelesen werden. Fang gerne mit dem Thema an, das dich am meisten interessiert.
- Aus Platzgründen konnte ich einige Bibelstellen nur verkürzt zitieren. Lies doch den zitierten Text im Zusammenhang.
- Zu jedem Kapitel gibt es Fragen. Nimm dir Zeit, darüber nachzudenken und sie ehrlich zu beantworten. Ich empfehle dir, die Fragen schriftlich zu beantworten und dir Notizen zu machen, wie du die Handlungsimpulse umsetzen möchtest. Du kannst dafür ein einfaches Notizbuch verwenden oder *Mein Quadro*, das wir speziell für die Quadro-Serie gestaltet haben.
- Nimm dir einige Minuten Zeit, um mit Gott oder Menschen über das Gelesene zu reden – dadurch verankert es sich besser.
- Lies das Quadro gemeinsam mit deinem Partner, Freunden oder einer Gruppe und sprecht darüber. Ihr werdet feststellen, dass der eine Stärken in einem Bereich hat, in dem ein anderer Probleme hat und ihr euch gegenseitig unterstützen, Rat geben und helfen könnt.
- Wer passiv konsumiert, bleibt passiv. Frage dich nach jedem Lesen: Wenn ich jemandem erzählen würde, was mir der wichtigste Impuls war, was würde ich ihm oder ihr sagen?
- Bleib gelassen, Änderungen geschehen nicht von heute auf morgen. Erlaube dir selbst, in deinem Tempo zu lernen und dich zu verändern.
- Erstelle eine Liste der Lebensbereiche (siehe S. 3) und bewerte, wie stark sie in deinem Leben zum Zug kommen: 1 (fast nie), 10 (sehr stark). Überlege dir, welche Bereiche du stärker ausbauen möchtest. Du kannst diese Bewertung mehrmals im Jahr wiederholen, um zu beobachten, was du in deinem Leben verändert hast.

1.1

Alles hat seine Zeit: Geboren werden und Sterben, Pflanzen und Ausreißen, Töten und Heilen, Niederreißen und Aufbauen, Weinen und Lachen, Klagen und Tanzen.
—Salomo. Prediger Kapitel 3

Kreativ

Leben in Balance heißt nicht, dass man immer alles im Griff hat und es nichts gibt, was das Leben erschüttern oder einen emotional gründlich durcheinander bringen kann. Das wäre unrealistisch – so ein Leben gibt es nicht.

Leben in Balance heißt vielmehr, dass die verschiedenen notwendigen Lebenselemente alle in ausgewogener Weise vorhanden sind und zum Zuge kommen.

Die sieben Lebensbereiche:

- Explosive Kreativität
- Beruhigende Ordnung
- Nachhaltige Produktivität
- Regelmäßige Höhepunkte
- Sprudelndes Leben
- Belebende Beziehungen
- Kraftspendende Ruhe

Alle Menschen, die an meinen Seminaren teilnahmen, sagten mir, dass 3-4 dieser Lebenselemente fest in ihrem Leben etabliert sind, die anderen jedoch ständig zu kurz kommen. Je nach Persönlichkeit waren die Mischungen ganz unterschiedlich. Die einen waren produktiv, gönnten sich aber kaum Zeit für Ruhe und vernachlässigten regelmäßig ihre Beziehungen. Andere waren häufig kreativ, aber ihr Leben war dennoch ohne Höhepunkte und von gestaltender Ordnung war weit und breit keine Spur zu entdecken.

Bevor man etwas verändert, braucht man erst einmal eine klare Bestandsaufnahme: Wie sieht mein Leben derzeit aus? Was vermisse ich? Was kommt zu kurz? Was möchte ich verändern?

Denk mal

Was ist bei dir bereits gut vorhanden?
Was kommt regelmäßig zu kurz?
Was möchtest du vermehrt tun?

Mach mal

Schreibe alle acht Lebenselemente auf und bewerte auf einer Skala von 1 (kaum vorhanden) bis 10 (sehr stark da), wie viel Raum sie in deinem Leben haben.

1.2 Verzichten lernen

Wer die Nuss essen will,
muss die Schale zerbrechen.
—Sprichwort

Die Lebenselemente sind wie Vitamine und Spurenelemente: Vitaminmangel in einem Bereich kann man nicht durch Übermaß in einem anderen Bereich ausgleichen. Wer schlapp ist, weil ihm Eisen fehlt, der wird nicht dadurch fit, dass er seine Calciumdosis steigert.

Wir empfinden unser Leben als glücklich und dynamisch, wenn alle Lebenselemente zum Zuge kommen. Wenn wir uns unglücklich fühlen, neigen wir jedoch dazu, die Anstrengungen in dem Bereich zu verstärken, in dem wir ohnehin schon gut sind. Ein Mensch, der vor lauter Beziehungspflege kaum zur Ruhe kommt und nichts auf die Reihe kriegt, neigt in Phasen der Unzufriedenheit dazu, noch mehr Zeit mit Menschen zu verbringen.

Diese Strategie führt nicht weiter. Nur wer fehlenden Lebenselementen mehr Raum gibt, wird neue Lebensenergie gewinnen. Wer sehr ordentlich ist und sich viel Ruhe nimmt, wird erst dann glücklich, wenn er auch Höhepunkte in sein Leben einbaut. Ein extrem produktiver Mensch wird nicht glücklich, wenn er noch mehr leistet, sondern statt dessen mehr in Ruhe und Kreativität investiert.

Es kostet Entschlossenheit und Mut, genau das zu tun, was man normalerweise nicht tun würde, weil es einem schwer fällt. Es bedeutet auch, auf anderes zu verzichten, weil wir nicht unbegrenzt viel Zeit haben. Wer lernt, bewusst dem Lebenselement mehr Raum zu geben, das ständig zu kurz kommt, wird ganz neue Lebensfreude empfinden.

Denk mal

Worauf müsstest du verzichten, um einem vernachlässigten Element mehr Raum zu geben?

Mach mal

Überlege: Was wäre der kleinstmögliche erste Schritt um dem, was am meisten zu kurz kommt, Raum zu geben? Gehe diesen Schritt.

1.3

> *Am Anfang schuf Gott Himmel und Erde. Die Erde war wüst und leer und der Geist Gottes schwebte auf dem Wasser. Gott sprach: Es werde Licht! Und es ward Licht.*
>
> —1. Mose 1, 1-3

Kreativ handeln

Diese Worte sind uns allen vertraut: »Am Anfang schuf Gott…« Sie beschreiben Gottes schöpferisches Handeln – das Wort »kreativ« ist die lateinische Bezeichnung für »schöpferisch«. Kreativ sein heißt, etwas neu zu schaffen.
Gott kann aus dem Nichts heraus etwas erschaffen. Menschen können nichts aus dem Nichts in Existenz bringen, aber wir besitzen die Fähigkeit, Vorhandenes so zu kombinieren und zu gestalten, dass Neues entsteht. Die Möglichkeiten hierfür sind unbegrenzt. Jeder Satz, den wir sprechen, die Art wie wir uns kleiden und unsere Wohnung gestalten, ist Ausdruck von Kreativität: Wir nehmen Vorhandenes und kombinieren es neu.
Kreativität ist nicht auf Musiker und Künstler beschränkt. Jeder Mensch kann im Alltag kreativ handeln, indem er sich vornimmt, Dinge anders zu tun als üblich und so das eigene Handlungsspektrum zu erweitern. Das kann bedeuten, einen anderen Weg zur Arbeit zu gehen, ein anderes Transportmittel zu benutzen, den Partner anders zu begrüßen als üblich, eine Ecke der Wohnung neu zu gestalten, an einem anderen Platz oder in einer anderen Körperhaltung als üblich mit Gott zu sprechen.
Wer immer wieder in großen und kleinen Dingen bewusst kreativ handelt, erweitert langfristig sein Handlungsspektrum, was wiederum zu einem reicheren Leben führt. Etwas zu gestalten, egal ob es etwas Großes oder Kleines ist, schenkt uns viel Befriedigung – nicht zuletzt, weil wir im Bild des kreativen Gottes geschaffen sind.

Denk mal

Wo erkennst du im Alltag Spuren von Gottes kreativem Handeln? Wie zeigt sich Kreativität bei dir selbst?

Mach mal

Kombiniere/gestalte heute drei alltägliche Dinge oder Tätigkeiten anders als üblich. Welche Erfahrungen machst du dabei?

1.4 Kreativitätsbremsen entfernen

Um ein kreatives Leben zu führen, müssen wir unsere Angst verlieren, Unrecht zu haben.
—Joseph Chilton Pierce

■ »Ich bin ja eigentlich ganz anders, aber ich komme so selten dazu!«, sagen Menschen, wenn es um die Frage geht, ob sie die Potentiale, die in ihnen schlummern, entfalten.

Wir alle haben Sätze von Autoritätspersonen verinnerlicht, die Kreativität ausbremsen. Das können Sätze sein wie »Erst die Arbeit, dann das Vergnügen« oder »Du kannst das nicht so gut, wie...« Meist ist uns nicht bewusst, dass diese Sätze zwar ein Stück Wahrheit enthalten, aber nicht die ganze Wahrheit sind. Wir nehmen sie als gegeben hin und lassen uns von ihnen im Leben ausbremsen und das kreative Handeln verbieten.

Wer diesen Sätzen folgt, hat nie das Vergnügen, weil die Arbeit nie endet. Er wird nie entdecken, wie gut er selbst Dinge kann.

Um die Macht dieser Kreativitätsbremsen zu brechen, gibt es fünf Schritte:

1. Komm dir selbst auf die Spur: Mit welchen Sätzen bremst du dich immer wieder aus?
2. Frage dich: Wer sagt mir das? Von wem kommt dieser Satz? Von meinen Eltern, von Lehrern, von mir selbst?
3. Überlege: Würde der Leben spendende Gott das auch so sagen? Wenn nein: Was würde er statt dessen sagen?
4. Entwickle Gegen-Sätze: Was könnte ich statt der bremsenden Sätze sagen? Welcher Satz wäre hilfreich und befreiend?
5. Schreib die Gegen-Sätze auf, lies sie laut und verinnerliche sie, bis die Wahrheit ihrer Aussagen bei dir ankommt.

■ **Denk mal**

Mit welchen drei Sätzen bremst du deine Kreativität am stärksten aus? Was wären Gegen-Sätze dazu?

■ **Mach mal**

Frage einen vertrauten Menschen: Welche einengenden Sätze hörst du häufig von mir? Was könnte ich statt dessen besser sagen?

1.5

Gott befahl: »Im Wasser soll sich ein Gewölbe bilden, das die Wassermassen voneinander trennt!« Er machte ein Gewölbe und trennte damit das Wasser.
—1. Mose 1, 6-7a

Ordnung schaffen

Gott macht es von Anfang an richtig. Er schafft Ordnung. Er bringt die Dinge an ihren Ort, alles hat seinen Platz. Gott bringt die Dinge grundsätzlich in Ordnung: Die eine Hälfte Wasser gehört – zumindest für eine gewisse Zeit – als Wolken an den Himmel, die andere als Ozeane auf die Erde.

Ordnung tut uns gut. Sie gibt Sicherheit und die Zuversicht, das Leben im Griff zu haben. Um Ordnung zu schaffen, muss man sich erst einmal grundsätzlich entscheiden, an welchen Platz Dinge gehören. Man muss entscheiden: Gebrauche ich diesen Gegenstand? Will ich ihn weiter besitzen? Wenn ja: Wo gehört er hin?

Gott macht es von Anfang an richtig. Er trifft zu Beginn eine Grundsatzentscheidung: Da gehört ein Teil des Wassers hin, dort der andere. Das ist jetzt sein Platz.

Wer Dinge grundsätzlich ordnet, spart sich Suchzeit und viele anstrengende Entscheidungen. Er muss nicht dauernd überlegen, wo er etwas hintut, sondern muss es »nur« noch an seinen Platz stellen.

Am einfachsten geht das, wenn du durch deine Wohnung gehst und sie wie ein Gast betrachtet: Welche Gegenstände liegen immer irgendwo herum und haben keinen festen Platz?

Vielleicht musst du dich, um Ordnung zu schaffen, von Unwichtigem trennen: alten Socken, nicht mehr benötigten Büchern und Unterlagen, verschlissener Kleidung und der Knoblauchpresse Nr. 3. Weg damit – radikal. Wenn Ballast weg ist, kannst du leichter überlegen, wohin du die Dinge tun möchtest, die du tatsächlich (ge)brauchst.

Denk mal

Mit welcher Haltung betrachtest du Ordnung? Welche Gedanken und Tipps helfen dir, Ordnung zu schaffen?

Mach mal

Gehe an deinen Arbeitsplatz oder durch deine Wohnung und notiere auf eine Liste, wo du Ordnung schaffen willst. Fang gleich mit einem Punkt an.

1.6 Ordnung halten

Mit der äußeren Ordnung geht die innere Hand in Hand.

—Autor unbekannt

Gelegentlich mache ich das Experiment, mir vorzustellen, ich sei Besucher in meiner Wohnung oder dem Büro. Ich frage mich: Was fällt mir auf? Wie wirkt dieser Raum auf mich? Dieser Perspektivwechsel hilft mir, zu erkennen, wo Dinge nicht in Ordnung sind. Plötzlich fallen mir Stapel von Artikeln auf, oder abgeblätterte Farbe, die ich bisher erfolgreich ignoriert hatte.

Anschließend gilt es, ein Bild von dem zu entwickeln, wie es besser sein könnte: Wie möchte ich, dass diese Räume aussehen? Und dann zu überlegen, welche Schritte folgen: Aufräumen, Wegwerfen, Renovieren.

Das gleiche Experiment kann ich auch in Bezug auf mein Leben machen. Ich kann mir vorstellen, Besucher bei mir selbst zu sein. Was nehme ich wahr? Was ist attraktiv und schön? Was braucht liebevolle Zuwendung und Erneuerung?

Man kann das als radikalen Prozess durchführen, sozusagen als Großreinemachen und gründlich ausmisten. Daneben ist es sinnvoll, sich anzugewöhnen, regelmäßig zu fragen: Wenn ich diesen Raum oder diesen Lebensbereich ansehe, was fällt mir auf?

Ich habe mir angewöhnt, es in vielen Bereichen meines Lebens gar nicht zuzulassen, dass es zur »Vermüllung« kommt. Hilfreich finde ich die Regel »eins rein, eins raus«. Wenn ich etwas Neues kaufe, gebe ich dafür etwas Altes weg. Wenn ich Akten ablege, blättere ich kurz durch den Ordner und sortiere nicht benötigte Akten aus. So bleibt das Leben schlank. Meistens.

Denk mal

Geh als »Besucher« durch deine Wohnung und dein Leben: Was fällt dir auf? Was ist gut? Was nicht?

Mach mal

Überlege dir, was du heute loslassen kannst, z. B. Zeit oder Gegenstände, und womit du einen anderen Menschen bereichern und beschenken könntest.

1.7

Entscheiden lernen

Jede heute nicht getroffene Entscheidung, bringt morgen doppelte Denkarbeit.
—*Georg Friedrich Hegel*

Es ist merkwürdig: Für die meisten Menschen ist es viel einfacher, den Einkauf wegzuräumen als die Papierablage wegzusortieren. Warum ist das so? Für Lebensmittel gibt es – anders als für Unterlagen – meist einen festen, klar erkennbaren Platz. Bei Unterlagen muss man entscheiden: Will ich es aufheben? Wo gehört es hin?
Alle Stapel, in der Wohnung, der Mailbox oder auf dem Schreibtisch, sind Ausdruck nicht getroffener oder nicht umgesetzter Entscheidungen. Entweder hat man noch nicht entschieden: »Wo gehört das hin?« Oder man weiß die Antwort, hat die Entscheidung aber noch nicht umgesetzt.
Wenn du dir bewusst bist, dass es bei Ordnung immer um das Entscheiden geht, kannst du angesichts von Stapeln klar überlegen: Welche Entscheidung gilt es zu treffen? Entscheiden können und sich festlegen ist Ausdruck dessen, dass wir Gottes Ebenbild sind. Gott entscheidet klar und legt sich fest. Wer entscheiden lernt, gewinnt viel Lebenskraft.

Die meisten Menschen weichen Entscheidungen gerne aus. Das liegt daran, dass Entscheiden für das Gehirn extrem anstrengend ist. Beim Aufräumen des Einkaufs muss man kaum entscheiden, wohl aber beim Wegsortieren. Ich weiß, dass ich nach etwa 20-30 Entscheidungen gestresst und müde werde. Deshalb versuche ich, Ablage, Anfragen und andere entscheidungsintensive Prozesse so aufzuteilen, dass ich sie in für mich machbaren, kleinen Entscheidungsportionen erledigen kann.

Denk mal

Wie kannst du einüben, leichter und klarer zu entscheiden? Für wie viele Entscheidungen reicht deine Energie?

Mach mal

Nimm dir heute einen Stapel vor, der schon lange rumliegt. Sortiere ihn weg. Registriere bewusst, wie viele Entscheidungen du dabei triffst.

2.1

Gott sprach: Die Erde lasse Gras hervorsprossen, Kraut, das Samen hervorbringt, Fruchtbäume, die auf der Erde Früchte tragen nach ihrer Art, in denen ihr Same ist!
—1. Mose 1, 11

Produktivität

Gott hat Multiplikation und Fruchtbarkeit in das Wesen der Natur und der Menschen gelegt. Neben den Fragen nach der Identität (»Wer bin ich? Woher komme ich?«) und der Beziehung (»Bin ich angenommen? Werde ich geliebt?«) ist die Frage nach der Fruchtbarkeit (»Kann ich Gutes bewirken?«) eine der Grundfragen des Menschen.

Produktivität ist etwas anderes als Kreativität. Kreativ sein, heißt Neues zu schaffen oder etwas neu zu kombinieren. Produktiv sein, heißt etwas Vorhandenes zu vermehren.

Frucht entsteht da, wo wir etwas, was wir haben und können, effektiv multiplizieren. So wie in der Natur, wo aus einer Zelle ganz viele werden. Aus einer Eizelle wird ein ganzer Mensch, aus einem Samen ein großer Baum. Wir können ganz unterschiedliche Dinge vermehren: Gaben, Ideen, Gedanken. Meistens haben wir ein gutes Gespür für das, was wir gerne und effektiv vermehren möchten. Der eine will Ideen weitergeben, der nächste möchte sein technisches Talent einsetzen, um Brunnen für wasserarme Regionen zu bauen, der dritte lehrt gerne und wieder ein anderer möchte Menschen durch Beratung dabei unterstützen, ihr Leben kraftvoller zu gestalten.

Wenn du dir deiner Gaben nicht sicher bist, kannst du überlegen: Welche Träume begleiten mich schon lange? Wenn ich ungehindert tun könnte, was ich möchte, was wäre das? Was möchte ich am Ende meines Lebens bewirkt haben?

Denk mal

In welchem Bereich deines Lebens wünscht du dir besonders, Frucht zu bringen? Wie könnte das geschehen?

Mach mal

Reflektiere selbst und spreche mit guten Freunden über deine Träume. Überlege mit ihnen, wie sie Realität werden könnten.

2.2

Auf die eigene Art

Es tut gut auf den eigenen Füßen zu stehen – diese Füße mögen sein, wie sie wollen.

—Autor unbekannt

Häufig vergleichen wir uns mit anderen Menschen und denken frustriert: »Wenn ich so klug wäre wie Einstein, so musikalisch wie Mozart oder so aufopfernd wie Mutter Theresa, dann könnte ich im Leben anderer Menschen etwas Gutes bewirken. Aber so…«

Wir haben oft Idealbilder von talentierten Menschen vor Augen, die anderen viel geben. Dabei übersehen wir dann unsere eigenen Talente und was wir selbst zu geben haben. Wenn mein Computer abstürzt, wünsche ich mir nicht Mutter Theresa oder Mozart herbei, sondern meine Computer-Jungs.

Mich begeistert der Ausdruck »Frucht nach seiner Art« in der Schöpfungsgeschichte. Gott erwartet nicht, dass an einer Kastanie Himbeeren wachsen und ein Apfelbaum Birnen trägt. Jede Pflanze darf auf ihre Art und Weise Frucht bringen. Das gilt auch für uns: Jeder kann das Leben anderer Menschen auf seine Art und Weise bereichern.

Organische Frucht ist das Ergebnis dessen, was man ist und kann. Es ergibt keinen Sinn, künstliche Frucht zu produzieren, indem man versucht, etwas hervorzubringen, was einem nicht entspricht.

Ich als »Kerstin-Pflanze« muss nicht Buchführung unterrichten und Senioren pflegen, sondern kann das Leben anderer Menschen so bereichern, wie es mir entspricht. Wenn ich meine vorhandenen Gaben gerne einsetze, haben alle mehr davon, als wenn ich versuchen würde, etwas zu sein, was ich nicht bin.

Denk mal

Welche Gaben und Talente sind in deinem Leben ganz offensichtlich? Wie könntest du sie mehr schätzen?

Mach mal

Frage zwei gute Freunde, welche Talente sie in deinem Leben sehen und wodurch du ihr Leben am meisten bereichert hast.

Talente entfalten

Wenn du etwas gut kannst,
mach mehr davon!
—Autor unbekannt

Am effektivsten sind wir da, wo wir Dinge tun, die wir gut können – das ist klar. Dennoch geistert in den Köpfen mancher Menschen die Vorstellung, sie müssten genau das tun, was ihnen nicht entspricht. Sie denken sogar, dass Gott das von ihnen erwartet. Ich halte das für Unsinn. Gott gibt uns nicht Talente und Leidenschaften, um dann zu sagen: »Ich will aber, dass du etwas ganz anderes machst.«
Die Stärken mancher Menschen sind klar ausgeprägt und gut erkennbar. Andere müssen erst entdecken: Was entspricht mir? Woran habe ich Freude? Wie kann ich am besten anderen gut tun?
Es kann bedeuten, dass du ausprobieren musst, welche Gaben du hast und in welchem Rahmen du sie gern ausüben möchtest. Dasselbe Talent kann unterschiedlich eingesetzt werden. Ich schreibe gern, aber am liebsten Praktisches. Reine Theorie passt nicht zu mir.
Es ist noch kein Meister vom Himmel gefallen. Talente kann man nicht durch Nachdenken entfalten. Sie entwickeln sich nur dann, wenn man sie einsetzt. Boris Becker sagte einmal: »In den ersten drei Jahren habe ich vor allem vom Talent gelebt und wenig gelernt.« Später lernte er viel mehr dazu. Anders als er, ruhen sich viele begabte Menschen auf ihren Talenten aus und werden von anderen überholt, die weniger begabt sind, aber etwas aus ihren Gaben machen. Der Weg zu lernen und besser zu werden steht dir offen. Du kannst dich – mit etwas Mut – weiterentwickeln und deine Talente entfalten.

Denk mal

Welche deiner Gaben und Talente möchtest du weiterentwickeln? Was wäre der erste, konkrete Schritt?

Mach mal

Setze heute eine deiner Fähigkeiten bewusst in einem Bereich ein, in dem du es bisher nicht getan hast.

Dankbare Menschen sind wie fruchtbare Felder, sie geben das Empfangene zehnfach zurück.

—August von Kotzebue

2.4 Dankbar sein

Ein Schlüssel zu mehr Produktivität im Leben ist Dankbarkeit. Wer dankbar für das ist, was er empfangen hat, schafft Raum für weitere Entwicklung. Warum sollte Gott uns Neues schenken, wenn wir nicht einmal das anerkennen, was wir bereits an Talenten bekommen haben?

Dankbar zu sein bedeutet auch, anerkennend auf das zurück zu schauen, was man bereits erreicht hat. Gott sieht sich am Ende jedes Schöpfungstages sein Werk an und bewertet es mit Bestnoten: »Siehe, es war sehr gut!«

Wir machen das anders: Häufig hetzen wir nur von einem Punkt unser To-Do Liste zur nächsten und sind nur auf das fixiert, was wir noch nicht erreicht haben. Damit entwickeln wir einen Lebensstil des Getrieben-Seins, der immer nur auf das Nicht-Erreichte sieht. Mit einer solchen Haltung findet man wenig Ruhe und Kraft.

Gott schuf uns nach seinem Bild, das heißt, dass wir wie er wertschätzenden Rückblick auf das Geschaffene halten können.

Ich streiche die Punkte auf meiner To-Do Liste nach Erledigung nicht durch, sondern markiere sie grün. So kann ich auf einen Blick erkennen: Ich habe etwas geschaffen oder zum Wachsen gebracht – deshalb grün.

Es ist nichts Verwerfliches dabei, sich selbst zu loben. Gott tut das ja auch. Das heißt nicht, dass wir uns etwas auf uns und unsere Fähigkeiten einbilden müssen, sondern das wir dankbar anerkennen: »Gott hat mir Gaben gegeben. Ich habe sie eingesetzt. Und das ist gut so.«

Denk mal

Was hast du in der letzten Woche erreicht, worauf du stolz sein kannst?

Mach mal

Besorge dir einen grünen Stift. Markiere auf deiner To-Do Liste die Dinge, die du erledigt hast. Sprich dir selbst Anerkennung dafür aus.

2.5 Highlights

Gott machte die beiden großen Lichter: das größere Licht zur Beherrschung des Tages und das kleinere Licht zur Beherrschung der Nacht und die Sterne.
—1. Mose 1, 16

Gott schuf die Jahreszeiten und den Wechsel von Sommer und Winter, Tag und Nacht. Damit gab er dem Leben Rhythmus und Takt. Er wusste, dass Natur und Menschen das Beständige und Wiederkehrende ebenso brauchen, wie das Neue, Unerwartete und Spontane, um dem Leben Form und Gestalt zu geben.

Die Jahreszeiten und der Rhythmus der Natur tragen dazu bei, dass wir in einer vielfältigen und manchmal verwirrenden Welt Orientierung finden. Selbst die Gestirne helfen uns, zu erkennen, in welcher Jahreszeit wir uns gerade befinden. Der Wechsel von Tag und Nacht, Sonnen- und Mondlicht, Saat und Ernte und die Jahreszeiten haben etwas erfreulich Beruhigendes. Zeiten geben uns Orientierung für unser Handeln: Es ist wenig sinnvoll, im Winter zu säen und im Frühjahr ernten zu wollen. Es ordnet das Leben, wenn wir wahrnehmen, ob wir uns gerade in einer Aufbruch-, einer Wachstums-, einer Ernte- oder einer Ruhephase befinden.

Damit unser Leben gelingt, brauchen wir sowohl Wiederkehrendes und Vertrautes als auch Abwechslung und Neues. Arbeit, Urlaub und unsere Familien geben häufig viele Rahmenbedingungen vor. Andere können wir bewusst selbst gestalten.

Wer sein Leben als zu monoton empfindet, dem kann es gut tun, bewusst mehr Abwechslung einzuplanen. Wer vor lauter Vielfalt keine Ruhe mehr findet, dem kann es gut tun, wenn er einige Dinge in sein Leben integriert, die festen Halt geben.

Denk mal

Was ist deine liebste Jahreszeit? Was daran magst du besonders? In welcher »Jahreszeit« ist dein Leben derzeit?

Mach mal

Erstelle eine Liste deiner regelmäßigen Aktivitäten und Verpflichtungen. Bewerte sie von 1 (doof) bis 6 (toll). Überlege, was gut ist und was dir fehlt.

Feste feiern

Man kann Gott nicht allein mit Arbeit dienen, sondern auch mit Feiern und Ruhen.

—Martin Luther

»Man muss die Feste feiern, wie sie fallen«, sagt der Volksmund. Die Bibel lädt zum Feiern ein. Im Alten Testament finden sich viele konkrete Anleitungen, wie man Feste erlebnisintensiv und genussreich gestalten kann. Anlässe zum Feiern sind sowohl die Erinnerung an Gottes Handeln als auch die Freuden des Lebens, wie zum Beispiel Saat und Ernte.

Jesus war als jemand bekannt, der gerne und gut gefeiert hat. Er hat einmal sogar einige hundert Liter Wasser zu Wein verwandelt, um ein Fest feucht-fröhlicher zu machen. Einigen asketischen Zeitgenossen wäre es sicher lieber gewesen, er hätte das umgekehrt gemacht. Jesus hat das Leben gefeiert, die Rückkehr von Menschen zu Gott, die Natur.

Die Bibel zeigt an vielen Stellen: Hier ist schon wieder ein Grund zum Feiern! Was wir feiern, stärkt uns. Eltern, die mit Lob oder kleinen Besonderheiten die Erfolge und gutes Verhalten ihrer Kinder feiern, bringen sie weiter als Menschen, die ständig herumnörgeln. Gleiches gilt für Partner und Freunde. Feiere das, wovon du mehr sehen willst!

Alle Arten von Feiern – von Hochzeit bis Beerdigung – stärken unsere Lebensfreude, die Beziehungen der Menschen zueinander und zu Gott. Alles, was uns bewegt, kann gefeiert werden: gute Schulnoten, die fertige Steuererklärung, Erntedank, ein beruflicher Erfolg, der erste Sommertag. Feiern heißt, etwas hervorzuheben – durch Worte, Essen, Dekoration, die Umgebung oder Unternehmungen.

Denk mal

Welche guten Dinge könntest du heute und in dieser Woche feiern? Wie willst du sie feiern?

Mach mal

Suche Passagen in der Bibel heraus, die davon sprechen, dass Gott feiert. Welche Anlässe feiert er?

In der Musik gehörten Pausen bekanntlich ebenso zum musikalischen Rhythmus wie die Noten.
—Michel Baeriswyl

Alltagshöhepunkte

So wie die Musik vom Takt und Rhythmus lebt, lebt das Leben von den großen und kleinen Höhepunkten, die wir gestalten. Ein ganz normaler Tag bekommt dadurch Glanz, dass wir für eine kleine Besonderheit sorgen: eine Pause am Fenster, ein kleiner Sparziergang, ein leckerer Espresso nach dem Essen.

Höhepunkte freuen uns nicht nur in dem Moment, in dem wir sie erleben, sondern bereits im Vorfeld. Ich freue mich auf meine täglichen und wöchentlichen Höhepunkte: die Frühstückspause auf dem Balkon, der Besuch des Wochenmarktes und meine sportlichen Aktivitäten. Am ersten Tag des Monats nehme ich mir Zeit, den kommenden Monat zu planen. Ich gehe dazu an einen besonderen Ort und freue mich schon Tage vorher auf diese besondere Zeit.

Kleine und große Höhepunkte beleuchten den Alltag und geben ihm einen besonderen Glanz. Um solche Highlights in den Alltag einzubauen musst du dich lediglich fragen: Was gestalte und erlebe ich gern? Was macht mir Freude? Wie kann ich dafür Raum schaffen? Du brauchst auch die Entschlusskraft, dies umzusetzen.

Neben den kleinen Glanzlichtern im Alltag, gilt es auch die großen Träume nicht aus dem Blick zu verlieren: Was würde ich gerne einmal im Leben ausprobiert haben oder sehen? Auch wenn die Träume noch so verrückt erscheinen: Schreibe sie auf und stelle dich dazu. »Ja, das möchte ich.« In einem zweiten Schritt kannst du überlegen, wie der Traum Realität werden könnte.

Denk mal

Was wäre der erste, konkrete Schritt, um mehr Höhepunkte in deinen Alltag zu integrieren? Wann willst du es tun?

Mach mal

Was möchtest du täglich, wöchentlich, monatlich, jährlich oder einmal im Leben tun? Liste je fünf Dinge auf, die du magst.

3.1

Wimmelndes Leben

Dann sprach Gott: »Im Wasser soll es von Leben wimmeln, und Vögel sollen am Himmel fliegen!« Und Gott schuf große Walfische und alles Getier, das da lebt und webt, jedes nach seiner Art.
—1. Mose 1, 20

Wimmeln – was für ein schönes Wort! Schon im Klang des Wortes vibriert das Leben. Genau das kommt am fünfen Schöpfungstag zum Ausdruck: Es wird beschrieben, wie Gott Vögel und Fische und andere Tiere schafft und ihr Leben sich entfaltet. Es blubbert, flattert, hüpft und springt. Lebensfreude pur. An einer anderen Stelle heißt es, dass Gott große Fische geschaffen hat, um damit zu spielen (Psalm 104, 26)! Es begeistert mich, dass Gott so lebensfroh, kreativ, vielseitig und verspielt ist.

Es ist eigentlich logisch, dass wir als Gottes Ebenbild diese fast kindliche Lebensfreude ebenfalls erleben und ausstrahlen. Die Realität sieht häufig ganz anders aus. Auf alten Gemälden der Schöpfungsgeschichte wirken Adam und Eva so, als müssten sie am nächsten Tag ihre Steuererklärung abgeben: zurückhaltend, steif, gedämpft. In ihrem Gesichtsausdruck und ihrer Körpersprache ist kein bisschen Begeisterung über die paradiesische Welt zu sehen. Wir ähneln ihnen häufig sehr.

Ich glaube, dass es Gottes Wunsch ist, dass wir viel von der göttlichen Lebendigkeit in der Welt, für die er uns geschaffen hat, spüren und erleben. Auch wenn viele Menschen ohne persönliche Verbindung zu Gott leben, spiegelt ihr Leben viel von der Lebensfülle der Schöpfung wider. Gott freut sich, wenn in unserem Leben Lebendigkeit zum Ausdruck kommt: in emotionaler und körperlicher Bewegung, in Leidenschaft, Begeisterung, Kreativität und Freude. Er hat die Welt so geschaffen, dass es vor Leben wimmelt. Hoffentlich auch in uns.

Denk mal

Wann fühlst du dich besonders lebendig, glücklich und frei?

Mach mal

Tue heute etwas, das du besonders gern tust und wobei du dich lebendig fühlst.

3.2 Leben entdecken

Frag dich nicht, was die Menschheit braucht. Frag dich, was dich lebendig macht. Dann gehe hin und tue es. Die Menschheit braucht nichts so sehr, wie Menschen, die lebendig geworden sind.
—Gill Baine

Kürzlich sagte mir eine Frau: »Ich weiß gar nicht, was mir Spaß macht.« So geht es vielen. Sie sind in einem Teufelskreis gefangen. Sie kennen sich selbst und die eigenen Leidenschaften kaum. Weil sie nicht wissen, was sie gerne wollen, halten sie sich beschäftigt. Und weil sie so beschäftigt sind, kommen sie nicht dazu, zu spüren, was sie eigentlich gerne möchten.

Der erste Schritt, den eigenen Bedürfnissen auf die Spur zu kommen, ist, sich zu erinnern: Gott hat mich zum Lebendig-Sein geschaffen. Ich darf es mir erlauben. Dann gilt es, das Tempo zu reduzieren. Wer mehr spüren will, muss etwas weniger tun. Häufig stimmt es gar nicht, dass wir keine Zeit haben, wir haben lediglich Angst vor dem Alleinsein mit uns. Wir fürchten, dass wir mit uns selbst nichts anzufangen wissen.

Freiraum zu gewinnen ist gar nicht so schwer. Wer aufs Internet-Surfen oder das Lesen jeder Info-Mail verzichtet, gewinnt ebenso Zeit wie die Familienfrau, die an einem Tag einfach für zwei Tage kocht. Die gewonnene Zeit kannst du fürs Nachspüren nutzen: Was mache ich gern? Es kann sein, dass man, wenn man lange überbeschäftigt war, erst einmal gar nichts mehr spürt. Dann kann man sich fragen: Was könnte es am ehesten sein? Oder man kommt mit dem Partner und Freunden ins Gespräch und fragt sie: Was denkst du – in welchen Tätigkeiten gehe ich so richtig auf? Bei welchen Aktivitäten blühe ich auf? Wann lächle und strahle ich am meisten?

Denk mal

Bei welchen zehn Aktivitäten fühlst du dich besonders lebendig? Welche möchtest du diese Woche gern tun?

Mach mal

Schreibe den Text von Gill Baine ab (oder besorge dir bei *Down to Earth* eine Postkarte mit dem Zitat) und hänge ihn gut sichtbar auf.

3.3

Wer sagt: Ich muss?

Wer immer sagt: »Erst die Arbeit und dann das Vergnügen«, wird nie das Vergnügen haben.

—Autor unbekannt

An der Tür meines Büros hängt ein Schild: »Nur wenige Menschen werden sich mit 70 wünschen, sie hätten mehr Zeit im Büro verbracht!« Es erinnert mich daran, dass ich nicht für die Arbeit geschaffen wurde, sondern für das Leben.

Doch in uns allen stecken Sätze, die uns daran hindern, unser Leben zu entfalten. »Erst die Arbeit, dann das Vergnügen!« »Wenn ich es nicht tue, tut es keiner!« »Ich muss mich darum kümmern!« usw. Schnell stempeln wir uns selbst als Egoisten ab, wenn wir den eigenen Wünschen nachspüren oder bewerten unsere Bedürfnisse als unwichtig und verurteilen sie.

Hier hilft es zu fragen: Wer sagt das? Ist dieser Satz ein Satz, den der Leben spendende Gott mir sagen würde? Kann ich mir vorstellen, dass Jesus ihn in genau dem Tonfall sagt, in dem ich den Satz in mir immer höre? Bringt er Leben hervor? Wenn diese Sätze offensichtlich nicht Leben spendend sind, dann ist Ausmisten angesagt.

Frage dich:

- Wer sagt mir diesen Satz? Oder: Von wem habe ich das übernommen?
- Entscheide: Will ich das weiter denken?
- Wenn nein: Was will ich statt dessen denken?

Du kannst für jeden deiner Antreiber-Sätze, der dir die Lebensfreude raubt, einen Gegen-Satz entwickeln, wie z. B. »Ich entscheide, was ich tue und beziehe andere mit ein!« Überlege, was zu dir passt, was dir anders denken und fühlen hilft. Du wirst die neue innere Freiheit genießen – und die Menschen um dich herum auch.

Denk mal

Welche Denkmuster und Sätze hindern dich am Lebendigsein? Was kannst du dem entgegnen?

Mach mal

Schreibe drei deiner typischen Antreiber-Sätze auf. Entwickle ehrliche, realistische Gegen-Sätze dazu.

3.4 Erleben

Wenn du immer das tust, was du immer schon getan hast, dann wirst du immer nur das bekommen, was du schon immer bekommen hast.

—Autor unbekannt

Der fünfte Schöpfungstag ist auch ein Tag des Entdeckens. Die Vögel, Fische und alle anderen Tiere erkunden ihren Lebensraum und wagen sich in Neuland vor.

Gewohnheiten gehören zu unserem Leben. Sie sind gut für uns und geben uns Halt und Sicherheit im Leben. Aber sie bergen auch die Gefahr, dass wir träge werden und unser Leben eintönig wird.

Vor einigen Jahren wurde ich, obwohl mein Leben in Ordnung war, immer trauriger und missmutiger. Beim betenden Nachdenken über die Situation erkannte ich: Mir fehlte schlicht und ergreifend die Inspiration, da ich in meinem Büro meist alleine arbeite.

Damals habe ich mir verordnet, wenigstens einmal pro Woche etwas Neues zu entdecken, denn etwas zu entdecken, regt Geist und Körper an und spendet die benötigte Lebensenergie. Das Neue kann ein Café sein, eine Ausstellung oder auch eine Ecke meiner Stadt, die ich noch nicht kenne. Oder ich nehme mir Zeit, einen Bildband intensiv zu betrachten, ein Hörbuch zu hören oder einen Kurs zu besuchen, um etwas Neues zu lernen. Die Inspiration, die ich auf diesen Entdeckungsreisen erlebe, füllt meine Tanks wieder auf.

Um Neues zu entdecken, muss man aus gewohnten Pfaden ausbrechen: Mal einen anderen Weg zur Arbeit nehmen, einen anderen Radiosender einstellen oder am Wochenende statt faul oder sehr betriebsam zu sein, aus der gewohnten Routine ausbrechen und etwas Neues wagen.

Denk mal

Worauf müsstest du verzichten, um Raum für kleine und große Entdeckungstouren zu schaffen?

Mach mal

Schreibe dir zehn Dinge auf, die du schon immer mal kennen lernen wolltest. Entscheide dich für zwei, die du diese Woche tun möchtest.

3.5

> *Gott schuf den Menschen zu seinem Bilde, zum Bilde Gottes schuf er ihn; und schuf sie als Mann und Frau.*
> —1. Mose 1, 27

Mensch-sein

Wenn Gott den Menschen nach seinem Bilde schuf, wieso sind wir dann so unterschiedlich? So verschieden wie Mann und Frau oder auch Angehörige unterschiedlicher Nationen und Kulturen? Wie kann ich in dieser bunten und manchmal chaotischen Vielfalt Gottes Ebenbild erkennen? Mir hilft die Vorstellung, dass Gottes vielfältiges Wesen und Charakter nicht in einen einzigen Menschen hineinpasste und er deshalb unterschiedliche Talente und Bereiche seiner Persönlichkeit auf die Geschlechter und verschiedenen Kulturen verteilt hat.

Der eine Mensch bringt mehr Ästhetik zum Ausdruck, der andere mehr Lebensfreude, ein dritter mehr Willenskraft. In vielem, was beim Anderen anders ist als bei dir, kannst du neue Aspekte von Gottes Wesen entdecken. Die Reflektion von Gottes gutem Charakter in uns ist zweifelsohne durch das Getrennt-sein von ihm verzerrt. Dennoch spiegelt sich in unserer Verschiedenheit Gottes Wesen wieder. Wenn wir Unterschiede auch als Reflexion Gottes wahrnehmen, müssen wir sie nicht als Bedrohung empfinden und bekämpfen, sondern können sie begeistert entdecken und feiern.

Das entspannt auch unser Miteinander. Gott schuf den Menschen bewusst als Gegenüber. Manches am Anderen gleicht uns und ist vertraut, manches ist ziemlich anders. Gerade die Verschiedenheit bereichert unser Leben, wenn wir sie als Ergänzung und Bereicherung annehmen.

Denk mal

Wo empfindest du Verschiedenheit als Bedrohung, wo als Ergänzung? Was macht den Unterschied aus?

Mach mal

Welche zehn Eigenschaften Gottes nimmst du besonders in Menschen anderer Kulturen wahr? Erzähle das einem Vertreter dieser Kultur.

3.6 Begegnung

Alles Leben ist Begegnung.
Ich werde am Du.
—*Martin Buber*

»Es ist nicht gut, dass der Mensch allein sei.« Für viele Singles ist diese Bibelstelle frustrierend. Sie folgern daraus: »Ich bin allein, das ist nicht gut.«
Im hebräischen Originaltext steht jedoch nicht »ohne festen Lebenspartner«, sondern »abgetrennt vom Leben, wie ein Ast, der vom Baum abgehauen ist.«
Ob man den einen Menschen gefunden hat, mit dem man das ganze Leben gestalten möchte, steht nicht allein in unserer Hand. Wir können jedoch beeinflussen, ob wir unser Leben abgetrennt von anderen leben oder es in lebendigen Verbindungen zu anderen gestalten, die von Geben und Nehmen geprägt sind.
Man muss nicht von einem Menschen alles erwarten – kein Mensch kann alle unsere Bedürfnisse nach Nähe, Spaß, Inspiration usw. erfüllen. Er muss es auch nicht, da wir in ganz verschiedenen Beziehungen eingebunden sind. Selbst Menschen, die über Einsamkeit klagen, kennen eine ganze Reihe von Menschen, zu denen sie Beziehungen stärken könnten. Es tut dir gut, zu begreifen, wie groß dieses Netz ist. In diesem Beziehungsnetz sind etwa Menschen, mit denen du tief reden und andere, mit denen du albern sein kannst. Du findest dort berufliche Kontakte, Mentoren und Menschen, denen du etwas vermitteln kannst, Freunde für Sport und Freizeitaktivitäten und vieles mehr. Manche lose Beziehung kann intensiviert und gestärkt werden.

Denk mal
Male dir auf: Mit wem bist du verbunden? Worin besteht die Verbindung? Was könnte sie stärken?

Mach mal
Schreibe oder sage heute zwei Menschen, was du an der Beziehung zu ihnen schätzt.

Gemeinsam aktiv

Geteilte Freude ist doppelte Freude,
geteiltes Leid ist halbes Leid.
—Deutsches Sprichwort

So vielfältig wie unsere Beziehungsnetze sind auch unsere Bedürfnisse. Manchmal geben wir jedoch in Freundschaften immer nur bestimmten Aspekten Raum und vernachlässigen anderes. Man treibt immer Sport miteinander, geht häufig ins Kino oder trifft sich meist zum Reden.
Viele Frauen neigen dazu, Begegnung primär in Gesprächen zu suchen, Männer eher in gemeinsamen Aktivitäten. So gut und wohltuend Routine ist, so einschränkend wird sie auf Dauer. Wer stets das gleiche mit anderen unternimmt, wird eher selten Neues an ihnen entdecken. Vertraute Gewohnheiten zu durchbrechen, schafft Raum für Entdeckungen.
An Jesus fasziniert mich, dass er Menschen nicht immer gleich begegnete und heilte, sondern auf ganz unterschiedliche Art und Weise. Wer aus Gewohntem ausbricht und mit vertrauten Menschen etwas ganz anderes als das Übliche unternimmt, wird ganz neue Seiten an ihnen und an sich selbst erkennen. Ich habe kürzlich beim Jungesellinnen-Abschied einer Freundin staunend erlebt, dass in mir und anderen Teilnehmerinnen bisher ungeahnte Talente zum Vorschein kamen.
Das Leben ist zu schön, um es nur aus der Ferne zu sehen. Ich will mit meinen Freunden nicht nur über das Leben reden, sondern etwas mit ihnen erleben und zusammen die Welt entdecken. Es kostet mehr Aufwand, hin und wieder aus dem Gewohnten auszubrechen, aber man wird mit der Vielfalt des Lebens belohnt, die man miteinander entdeckt.

Denk mal

Was sind die üblichen Aktivitäten, die du mit Freunden unternimmst? Was würdest du darüber hinaus gern tun?

Mach mal

Schlage deinem Partner oder einem Freund/einer Freundin vor, etwas gemeinsam zu unternehmen, was ihr noch nie zusammen getan habt.

PHOTO-
AUSGABE
IN
4 MIN

4.1

Hinsehen

Und Gott sah alles an, was er gemacht hatte, und siehe, es war sehr gut.
—1. Mose 1, 31

Gott sah alles an, was er gemacht hatte. Alles – das ist ganz schön viel. Alles zu betrachten kostet Zeit. Gott nimmt sich die Zeit, alles Geschaffene und alle Geschöpfe noch einmal liebevoll und beurteilend anzusehen und seine Beobachtungen zusammen zu fassen: Es war sehr gut.

Die meisten Menschen, die ich kenne, erledigen eilends eins nach dem anderen und sind, kaum ist das eine fertig, schon in Gedanken bei der nächsten Aufgabe, die erledigt werden muss. »Wenn ich das erst fertig habe, dann geht es mir gut«, sagen sie. Die Realität sieht aber meist so aus: Wenn das eine fertig ist, wartet schon das nächste auf Erledigung. Das gute Gefühl, etwas erreicht zu haben, stellt sich selten oder nie ein. Häufig weiß man schon am Ende des Tages nicht mehr, was man im Laufe des Tages gemacht hat und kann sich dann natürlich auch nicht über das Erreichte freuen.

Gott macht es besser. Er sieht alles in Ruhe an, was er getan hat, und beurteilt es. Hinsehen kann in deinem Alltag so aussehen, dass du dir vor der Mittagspause, am Ende des Arbeitstages oder kurz vor dem Schlafengehen noch einmal Zeit nimmst, um Rückschau zu halten: Was habe ich in den vergangenen Stunden getan? Was habe ich neu gestaltet? Was war gut?

Gott hält Rückblick in Etappen. Noch bevor er mit der Schöpfung ganz fertig ist, sieht er an, was er bereits getan hat. Wir können von ihm lernen und bereits Teilschritte unserer Arbeit würdigen.

Denk mal

Was hast du gestern oder heute getan? Was war gut? Was könntest du tun, um dein Handeln mehr zu würdigen?

Mach mal

Schreibe eine Woche lang am Ende des Tages jeweils fünf Dinge auf, die du gut erledigt hast. Betrachte sie wohlwollend und wertschätzend.

4.2 Bewerten

Glücklich der Mensch, der weise und urteilsfähig geworden ist! Er ist reicher als jemand, der Silber und Gold besitzt. Weisheit schenkt Glück und Sicherheit.
—Sprüche Salomons 3, 13-16

In manchen Situationen haben wir ein unbestimmtes gutes oder schlechtes »Bauchgefühl«. Wir können jedoch nicht konkret benennen, was uns gefiel oder missfiel. Man tut gut daran, es einzuüben, Dinge klarer benennen und bewerten zu lernen, statt nur ungefähr zu fühlen.

Eine einfache Methode, um bewusste Reflexion einzuüben, ist die Hand-Methode. Sie eignet sich zur Kurzreflexion kleinerer Themen, wie z.B.: »Was hat mir an dem Meeting gefallen?« Man kann sie auch zur Bewertung größerer Zusammenhänge einsetzen, etwa: »Wie empfinde ich meine Arbeit/Partnerschaft/das letzte Jahr?« Sie ist, wenn man sie erst einmal eingeübt hat, sehr praktisch. Eine Hand als »Analyse-Werkzeug« hat man immer dabei.

Nimm die Finger zur Hilfe und frage dich:

- Daumen: Was hat mir gut gefallen?
- Zeigefinger: Was habe ich gelernt?
- Mittelfinger: Was hat mir nicht gefallen?
- Ringfinger: Was hat mich mit anderen verbunden?
- Kleiner Finger: Was kam zu kurz?
- Handfläche: Was war mir sonst noch wichtig?

Wenn du diese Methode eingeübt hast und beherrschst, wirst du viel schneller in der Lage sein, klar und eindeutig zu benennen, was dir gefällt oder missfällt und wo du dir konkret Veränderung wünschst. Sie eignet sich neben der persönlichen Reflexion auch zum Gespräch mit deinem Partner, Freunden oder deinem Team.

Denk mal

Welche Situationen bewertest du eher ungern? Was könnte dir mehr Mut zum Hinsehen und Bewerten geben?

Mach mal

Schreib dir die sechs Fragen auf. Übe im Laufe der Woche mehrmals, Begegnungen, Sitzungen und sonstige Ereignisse mit ihrer Hilfe zu bewerten.

Echter Erfolg stellt sich nicht ein, indem wir unsere Werte verkünden, sondern indem wir sie täglich in die Tat umsetzen.

—Ken Blanchard

Verändern

Gott hat es leicht. Alles, was er gemacht hat, war sehr gut. Da musste nichts korrigiert werden. Wenn wir unsere Begegnungen und Tätigkeiten ehrlich betrachten, wird das Ergebnis nicht immer so positiv aussehen. Manches ist gut und darf wohlwollend bewertet werden, anderes fordert zur Veränderung auf.

Viele Menschen wünschen sich Veränderung, bleiben aber im Alten stecken, weil sie nie konkret überlegen, was die notwendigen Handlungsschritte wären. Sie möchten womöglich liebevoller und geduldiger werden oder auch einfach nur pünktlicher kommen. Sie bleiben jedoch beim Wunsch stehen. Weil der Weg zur Veränderung nicht konkret beschrieben und formuliert wird, geschieht nichts.

Der erste Schritt für liebevolleres Verhalten könnte sein, sich täglich die Frage zu stellen: Was könnte dem Anderen jetzt gut tun? Um geduldiger zu werden, kann ein erster Schritt sein, sich zu fragen: Wie sähe das denn ganz praktisch aus, wenn ich geduldiger wäre? Woran könnte ein Beobachter erkennen, dass ich geduldig bin? Wer pünktlicher werden möchte, kann sich fragen, was dazu gehört – zum Beispiel bessere Planung. Ein erster möglicher Schritt könnte dann sein, Anfahrtszeiten genauer zu planen.

Veränderung geschieht in tausend kleinen Schritten. Wer sich klar macht, was der erste, kleinstmögliche Schritt ist und ihn geht, kommt weiter als der, der nur von Veränderung träumt.

Denk mal

Woran würde ein enger Freund deine erreichte Veränderung erkennen? Was wäre dann anders als jetzt?

Mach mal

Welche Veränderung möchtest du gestalten? Was brauchst du, um den ersten, allerkleinsten Schritt der Veränderung zu gehen? Fang damit an.

4.4

Ruhe

So vollendete Gott am siebenten Tage seine Werke, die er machte, und ruhte am siebenten Tage von allen seinen Werken, die er gemacht hatte.

—1. Mose 2, 2

Wie wohltuend. Ruhe. Was vorbei ist, darf auch vorbei sein. Es tut gut, mal nichts zu tun, einfach nur zu ruhen.

Der Sabbath-Ruhetag ist das größte Geschenk, das Gott uns gemacht hat. Einen Tag lang nichts machen zu müssen, sondern da sein zu können. Er ist auch ein großer Ausdruck des Glaubens: Ich vertraue, dass Gott groß genug ist, mich zu versorgen, auch wenn ich einen Tag lang nicht arbeite.

Wer immer arbeiten muss und nie zur Ruhe kommt, bringt damit zum Ausdruck: »Ich glaube, dass alles von mir abhängt.« Das ist – ehrlich gesagt – ziemlich arrogant.

Ein erfahrener Pastor hat seine Lebenserkenntnis einmal so formuliert: »Im Laufe meines Lebens habe ich zwei Dinge erkannt. Es gibt einen Gott, und ich bin es nicht!« Unbewusst neigen wir alle dazu, uns für Gott zu halten und zu denken, dass alles von uns abhängt.

Gott baut den Ruhetag in die Woche ein, um uns daran zu erinnern: »Ich bin Gott. Nicht du. Ich halte die Welt in der Hand. Nicht du. Im Vertrauen zu mir darfst du loslassen und ruhen.«

Der Sabbath ist Ende und Anfang. Er ist Ende von Gottes Schöpfungswoche und Anfang des Lebens der Menschen, die gerade erst geschaffen worden waren. Sie hatten noch nichts getan, womit sie Ruhe und Erholung verdient hätten. Ruhe ist nicht Belohnung für Arbeit, sondern Vorraussetzung dafür. In dem Wissen, dass Gott Gott ist, dass er erschafft und erlöst, und nicht alles von mir abhängt, kann ich mein Leben gelassen gestalten.

Denk mal

In welchen Bereichen deines Lebens neigst du am stärksten dazu, zu denken, dass alles von dir abhängt?

Mach mal

Schreibe dir auf: »Es gibt einen Gott, und ich bin es nicht!« Frage dich im Laufe des Tages: Wie wirkt sich dies auf mein Denken und Handeln aus?

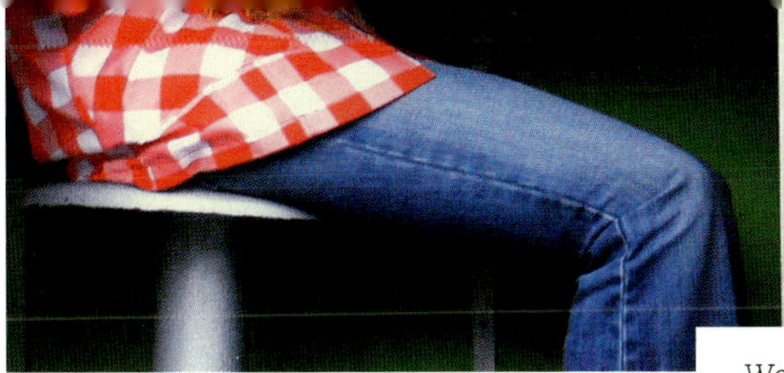

4.5

Zur Ruhe finden

Wer sich Sorgen macht, hat offensichtlich noch nicht genug davon.

—Marc Flint

Ruhe ist mehr als Nichtstun. Man kann im Liegestuhl liegen und nichts zu tun haben, und dennoch von innerer Unruhe getrieben sein. Die Gedanken rasen, man grübelt über Dinge nach, macht sich Sorgen über dieses und jenes. Vielen Menschen fällt es alles andere als leicht, zur Ruhe zu kommen. Deshalb hier ein paar ganz praktische Tipps.

- **Für äußere Ruhe sorgen**

Eine ruhige Umgebung suchen – das beinhaltet Abgeschiedenheit von Lärm, aber auch Reduktion von optischen Reizen.

- **Körperlich zur Ruhe kommen**

Die meisten Menschen können nicht von 100 auf 0 umschalten. Manchmal muss man den angestauten Stress erst aus dem Körper bekommen, indem man ein Stück läuft oder einfach nur mehrmals tief durchatmet.

- **Innerlich zur Ruhe kommen**

Uns gehen in der Regel tausend Gedanken durch den Kopf. Dinge, die wir erledigen müssen, Erlebnisse, die uns beschäftigen. Es tut gut, diesen Gedanken Raum zu geben und zu erkennen: Das beschäftigt mich. Für Dinge, die noch zu erledigen sind, kannst du an deinem Ort der Stille einen Zettel und Stift bereithalten. Was aufgeschrieben ist, musst du nicht länger im Kopf behalten.
Andere Dinge kannst du im Dialog mit dir selbst oder mit Gott besprechen. Du kannst dich fragen: Was bewegt mich? Was stresst mich? Was berührt mich? Was macht mich froh? Nach einer Weile wirst du ruhig und gelassener werden.

Denk mal

Was würde dir am meisten helfen, zur Ruhe zu finden? Wie kannst du das in dein Leben integrieren?

Mach mal

Besorge dir das Impulsheft *Stille*. Da findest du viele weitere Anregungen, wie du zur Ruhe kommen und sie bewahren kannst.

4.6

Ruhe bewahren

Ich gehe nicht um mit großen Dingen, die mir zu wunderbar sind. Meine Seele ist still und ruhig geworden wie ein kleines Kind bei seiner Mutter. Wie ein kleines Kind, so ist meine Seele in mir.
—König David. Psalm 131, 2

■ Innere Ruhe kann man nur dann bewahren, wenn man im Rahmen des eigenen Einflussbereiches bleibt. Menschen, die sich 1000 Gedanken über BSE, Atomunfälle, Politik und die Gründe für das Verhalten anderer Menschen machen, bewegen sich gedanklich ständig in Bereichen, die sie nicht beeinflussen können. Das macht unruhig, ängstlich und krank. David beschreibt – modern ausgedrückt – das Geheimnis eines ruhigen Herzens so: »Ich habe mir abgewöhnt, über Dinge nachzudenken, die ich weder verstehen noch beeinflussen kann.«
Wenn mich Dinge sehr beschäftigen, frage ich mich: »Habe ich Einfluss darauf?« Wenn ja, kann ich konkret überlegen, wie ich diesen Einfluss nutzen kann. Wenn ich mir klar mache, dass ich auf Situationen wie etwa das Wetter oder die Krankheit eines Freundes keinen Einfluss habe, dann denke ich auch nicht weiter darüber nach. Statt dessen denke ich über die Dinge nach, auf die ich Einfluss habe: Was kann ich bei schlechtem Wetter tun? Wie könnte ich den kranken Freund ermutigen?
Das gilt auch, wenn ich begreife, dass ich beispielsweise die Antwort auf eine Frage »Warum hat er oder sie dies oder jenes getan?« nicht durch Grübeln finden werde. Dann durchbreche ich die Grübelkette und frage mich statt dessen: »Warum bewegt mich das so?« Oder ich suche das Gespräch mit der betreffenden Person. Dinge, auf die ich keinen Einfluss habe, vertraue ich bewusst Gott an und lasse sie los – manchmal auch mit einem kleinen Ritual.

■ **Denk mal**

Welche Signale (Unruhe etc.) zeigen dir, dass du über etwas außerhalb deines Einflussbereiches nachdenkst?

■ **Mach mal**

Übe Achtsamkeit ein. Beobachte dich beim Nachdenken und frage dich: Habe ich Einfluss auf die Sache, über die ich nachdenke?

Eine Reise von tausend Meilen beginnt
mit einem einzigen kleinen Schritt.
—Chinesisches Sprichwort

Ende und Anfang

Du hast dich jetzt eine ganze Zeit lang mit dem Thema »Leben in Balance« auseinander gesetzt. Manches hat dich sicher spontan zur Veränderung motiviert. Vielleicht hast du deine Wohnung aufgeräumt oder dein Kreativwerkzeug wieder hervor geholt. In anderen Bereichen wurde dir vielleicht klar: Wenn ich ein ausgewogenes und kraftvolles Leben gestalten möchte, dann sollte ich diesem Bereich mehr Raum geben. Damit es nicht bei dem guten Vorsatz bleibt, ist es wichtig, den ersten Schritt zu gehen.

Wenn du dich entschieden hast, einen Bereich deines Lebens zu verändern, dann überlege konkret: Was ist der erste, kleinstmögliche Schritt, der mir im Augenblick möglich ist und mit dem ich ohne viel Druck beginnen könnte? Das kann bei der lange fälligen Steuererklärung der Kauf eines Aktenordners sein, beim Vorsatz, Sport zu treiben, im Internet nach geeigneten Clubs zu suchen. Der erste Schritt ist immer der schwerste. Wenn du es so gestaltest, dass dieser erste Schritt so klein und einfach wie möglich ist, dann fällt es dir leichter, ihn zu gehen. Dem ersten Schritt weitere Schritte folgen zu lassen, ist dann gar nicht so schwer.

Wenn die Frage »Was ist der erste kleinstmögliche Schritt?« erst einmal zum festen Bestandteil deines Denkens geworden ist, wirst du staunen, wie viel leichter dir das Handeln fällt und wie viel kraftvoller du dein Leben gestalten kannst.

Dabei wünsche ich dir viel Spaß!

—Kerstin Hack

Denk mal

Welche Veränderung würde deine Lebensqualität am meisten verbessern? Was wäre der erste Schritt?

Mach mal

Erzähle einem vertrauten Menschen von dem, was du neu lernen und einüben möchtest. Bitte ihn, dich ab und zu an dein Vorhaben zu erinnern.

Gesagt ist nicht gehört.
Gehört ist nicht verstanden.
Verstanden ist nicht einverstanden.
Einverstanden ist nicht angewandt.
Und angewandt ist noch lange nicht behalten.

—Konrad Lorenz

Nicht vergessen...

■ Diese Gedanken und Ideen sind mir wichtig geworden.
Das will ich keinesfalls vergessen:

■ In der nächsten Zeit will ich folgende Dinge konkret angehen.
Tipp: Schreibe auf, was du tun willst, bis wann und was der erste Schritt ist.

■ So will ich überprüfen, ob ich meine Vorhaben umgesetzt habe: